Sur le bout de la langue

ANGLICISMES 1

2ᵉ édition, revue et augmentée

COUVERTURE

Conception graphique et illustration : Alain Fournier

Graphisme : Marie-José Leblanc

AUTRES ILLUSTRATIONS

Catherine Phlipponneau

Louis Fournier

Sur le bout de la langue

le français sans larmes ni ulcères

ANGLICISMES 1

Les éditions Rabelais

DIFFUSION : *Prologue,* 1650, boul. Lionel-Bertrand, Boisbriand (Québec)
J7E 4H4
Tél.: (514) 434-0306   Ligne WATS : 1-800-363-2864
Téléc.: (514) 434-2627   Ligne WATS : 1-800-361-8088

DÉPÔT LÉGAL: 1er trimestre 1991 Bibliothèque nationale du Québec
Bibliothèque nationale du Canada

ISBN 2-9801376-0-X

Pour Regina,

*qui a toujours pris un aussi
malin plaisir à harponner
mes anglicismes que moi à
embrocher les siens;*

et pour Anna,

*qui soutenait si doctement,
à quatre ans:
«On n'est pas supposé
dire **supposé**!»*

REMERCIEMENTS

Je tiens à remercier tout d'abord Monsieur Louis-Jean Rousseau, président de la Commission de terminologie du Québec, ainsi que son équipe du Service des données linguistiques de l'Office de la langue française, pour leur collaboration active et leurs judicieux commentaires. Le travail minutieux de Madame Diane Lambert-Tesolin fut particulièrement apprécié.

J'adresse aussi mes sincères remerciements à MM. Pierre Cardinal, Gilles Colpron, Robert Dubuc et Bernard Dupriez, dont les conseils me furent très utiles à diverses étapes de ce projet.

Je tiens à exprimer ma vive reconnaissance à ma collègue Catherine Phlipponneau, docteure en linguistique et artiste accomplie, pour sa critique éclairée ainsi que pour les dessins qui égayent cet ouvrage. Et je réserve une accolade bien fraternelle à l'artiste Alain Fournier, qui a créé la grenouille sur rouli-roulant, Benoît («Ben») Batracien, et qui promet de nous présenter le reste de la famille sur les prochaines couvertures de la série.

Je n'oublie pas mes anciennes assistantes de recherche, Mmes Louise Robichaud et Monique Dion, dont le secours me fut précieux pour traverser la jungle des «fautes» sans y perdre le nord.

Que soient également remerciées les nombreuses personnes qui ont lu les premières ébauches de cet ouvrage ou qui m'ont aidé de quelque autre manière. Sans les nommer toutes, je m'en voudrais de ne pas mentionner MM. Fernand Arsenault, Pierre Calvé, François Fournier, Pierre Gérin, Serge Martin, Marcel Ouellette, Raoul Boudreau, Zénon Chiasson, Guy Connolly, Paul Genuist, Michel Henry, Clermont Martineau, Roland Viger et le Père Georges-Henri Lévesque, ainsi que Mmes Ella Arsenault, Anne-Marie Baudoin, Louise Bosi, Denise Daoust, Louise Desprès-Péronnet, Évelyne Foëx, Christel Gallant, Claudette Gaudreau, Marie Hade, Rose-Hélène Lanteigne, Lucie Patterson et Émérentienne Richardson.

Enfin, je tiens à remercier le gouvernement du Québec, le Secrétariat d'État, ainsi que le Centre de recherche en linguistique appliquée. Sans leur confiance et leur appui, la série Sur le bout de la langue *n'aurait sans doute jamais vu le jour.*

TABLE DES MATIÈRES

SECTION 3

AVANT-PROPOS

Un français de qualité sans larmes ni ulcères?

Depuis quinze ans qu'il enseigne le français langue maternelle aux niveaux collégial et universitaire, l'auteur note sur des bouts de papier, avec un zèle qui tient de l'obsession, toutes les «fautes» les plus horrifiques et les plus magnifiques qu'il peut dépister dans les copies de ses étudiant-e-s, dans les colonnes des journaux, dans les notes de service de ses supérieur-e-s... Bref, aucun document, si innocent soit-il, n'échappe à sa fureur corrective, et ses amis - ceux qui lui restent - préfèrent lui téléphoner plutôt que de prendre le risque de lui écrire.

Avec la montagne de petits bouts de papier qui en a résulté, avec cet incomparable trésor de fautes si patiemment accumulé, l'auteur n'est-il pas allé se mettre en tête de faire rire! Projet aussi téméraire que loufoque, dont personne - ni ses collègues, ni sa femme, ni son coiffeur - n'a pu le dissuader.

*Il en résultera une collection intitulée **Sur le bout de la langue**, qui se propose d'aborder les principales difficultés de la langue française au Canada. Le tout se veut autodidactique, c'est-à-dire que n'importe qui - étudiant-e, enseignant-e, secrétaire, journaliste, fonctionnaire, enfin, toute personne souhaitant perfectionner son français - pourra l'utiliser avec profit sans l'aide d'un professeur. Ainsi, dans le présent ouvrage, le* *premier de la série **Anglicismes**, on trouvera des explications simples et claires, des exemples liés à la vie quotidienne et des exercices à la fin de chaque section permettant de vérifier les connaissances acquises.*

Dans tous les champs du savoir, les Grand-e-s Spécialistes ont parfois du mal à s'entendre et le domaine de la langue ne fait certes pas exception à la règle. Face à un désaccord concernant tel ou tel emploi, l'auteur a opté, en se fondant sur la bibliographie qui figure à la fin du présent ouvrage, pour les solutions qui lui paraissaient les plus conformes à l'usage et au bon sens. Mais un choix étant justement un choix, on pourra, bien sûr, être en désaccord avec l'auteur sur telle ou telle de ses options; en pareil cas, écrivez-lui... chicanez-le... engagez une polémique avec lui... il adore ça!

A toutes et à tous, bonne lecture!

Section 1

1.1 NOTIONS

UN PHÉNOMÈNE UNIVERSEL: L'EMPRUNT

Rares sont les langues qui se sont développées en vase clos, à l'abri de toute influence extérieure. Presque toutes les langues vivantes ont emprunté des mots - et continuent d'en emprunter - à des langues étrangères. C'est un phénomène normal, qui correspond à l'intégration de **nouvelles réalités** dans la langue.

Un exemple? La première fois qu'un Français a dégusté une **pizza**, il n'a pas pu lui attribuer un nom français, et ce, pas uniquement parce qu'il avait la bouche pleine. Aucun mot français n'existait pour décrire cette réalité culinaire typiquement italienne; une description satisfaisante aurait nécessité une périphrase d'une quinzaine de mots au moins! Notre gourmet aura donc préféré, par souci d'économie verbale, adopter le terme italien, et on ne peut que l'approuver.

C'est ainsi que des centaines de mots ont été «empruntés» à l'italien, par exemple, **pantalon**, **studio**, **piano**, **ballet**, **opéra**, etc.

Mais le français a emprunté également à une foule d'autres langues... Il est rare qu'en s'assoyant sur un **divan** ou sur un **sofa**, l'on songe que ces mots - et ces meubles - nous viennent du monde arabe. Et d'où pourrions-nous tenir des termes tels que **torero**, **sieste** ou

macho, sinon de l'espagnol? **Kiosque** est d'origine turque, **yogourt,** bulgare et **marmelade,** portugaise. Enfin, le mot **bière** nous vient du néerlandais, tandis que le **bock** dans lequel nous la buvons est sans conteste allemand.

Tous ces emprunts sont parfaitement légitimes et il serait absurde de s'y opposer; non seulement ils n'ont pas appauvri la langue française, mais ils l'ont même enrichie.

EMPRUNTS AU FRANÇAIS ACCEPTÉS EN ANGLAIS

La langue anglaise ne fait pas exception au phénomène de l'emprunt: tout au long de son évolution, elle a beaucoup emprunté à d'autres langues, et particulièrement au français, auquel elle doit d'ailleurs une partie importante - selon certains calculs, près de la moitié - de son vocabulaire. Cela s'explique par des facteurs historiques tels que l'invasion normande de 1066. On sait que le français fut très longtemps la langue de la cour en Angleterre.

On peut reconnaître une foule de termes français dans l'anglais de tous les jours, tels que **finesse, panache, milieu, cliché, détente, décor, chic, vogue,** etc. On dénombre aussi quantité d'expressions telles que **fait accompli, esprit de corps, savoir-faire, faux pas, joie de vivre, succès d'estime,** etc. Ces mots et expressions n'ayant pas d'équivalents jugés satisfaisants en anglais, il n'est pas étonnant que les anglophones aient choisi de les intégrer à leur vocabulaire.

EMPRUNTS À L'ANGLAIS ACCEPTÉS EN FRANÇAIS

Les liens historiques entre la France et l'Angleterre et, depuis le siècle dernier, le prestige croissant des Etats-Unis, ont entraîné la multiplication des emprunts à l'anglais.

Dans le monde du sport, par exemple, le français a intégré **match, baseball, hockey, football**; et dans le monde de la musique, **banjo, blues, boogie-woogie** et même... **western**.

De nombreux termes tels que **blue-jean, média, sandwich, jeep boycottage** et **bluff** sont acceptés et, comme chacun sait, couramment utilisés dans notre langue.

Ces mots n'ayant pas d'équivalents véritables en français, il était souhaitable qu'on les intègre au lexique et ce n'est pas verser dans «l'anglomanie» que de les utiliser.

Au Canada, il y a une trentaine d'années, certains adeptes du «bon parler» jugeaient bon de condamner *hockey* au profit de *gouret*. Même le *bâton* ne trouvait pas grâce à leurs oreilles, et ils auraient voulu que Maurice Richard marque des buts avec une *crosse de gouret*!

C'est dire à quels extrêmes peut conduire le purisme lorsqu'il n'est pas tempéré par le gros bon sens.

Attention, cependant...! On peut être ouvert à l'emprunt occasionnel de mots à l'anglais sans négliger pour autant les ressources remarquables de notre propre langue sur le plan de la création de mots nouveaux - ou *néologismes* - parfaitement adaptés aux réalités contemporaines.

Ainsi, le *walkman* peut aller se promener depuis que nous disposons du merveilleux **baladeur**... Certains prétendent que le *skateboard* roule plus vite que le **rouli-roulant** ou que la **planche à roulettes**... Préjugés, vous dis-je!!! Et pourquoi continuer à parler de *brainstorming* quand le terme coloré **remue-méninges** s'impose de plus en plus, pour désigner ces séances où les participant-e-s sont invité-e-s à exprimer spontanément leurs idées sur un sujet donné? Ne craignons pas d'exploiter à fond les ressources de notre langue, qui est moins rigide et monolithique que certains ont voulu nous le faire croire.

Comme l'écrit le linguiste Alain Fantapié, «la langue française est devenue un fantastique laboratoire, un champ ouvert où l'innovation linguistique accompagne le changement de notre société».

QU'EST-CE QU'UN ANGLICISME?

Qu'est-ce qu'un anglicisme? Un petit malin répondit un jour par la boutade suivante: «C'est le principal gagne-pain des professeurs de français». Tout de même... n'exagérons rien!

La définition classique ressemblerait plutôt à ceci: usage inspiré de l'anglais et considéré comme incorrect en français.

Nous avons parlé jusqu'ici d'emprunts **acceptés** d'une langue à une autre; l'anglicisme, lui, constitue un emprunt **inutile ou incorrect** à l'anglais. Il peut s'agir d'un mot, d'une expression ou même de toute une structure de phrase.

Par exemple, le mot *tip* n'est d'aucune utilité en français, puisque nous disposons déjà de l'excellent mot **pourboire**. Et la forme [même à ça], calquée sur l'anglais *even at that*, ne signifie strictement rien en français; on dira plutôt **même là** ou **malgré cela**, selon le contexte.

Les anglicismes sont relativement nombreux dans notre parler et même dans nos écrits, et cela ne devrait étonner personne: nous, francophones, ne formons que 3% environ de la population totale de l'Amérique du Nord. Et cette micro-francophonie baigne (ou se noie?) dans un océan de publicité, d'émissions de radio et de télévision, de films, de vidéos, de journaux et de revues de langue anglaise.

Si nous utilisons un mot anglais, c'est souvent parce que nous l'avons lu ou entendu dix fois durant la semaine et que c'est celui-là qui nous vient tout naturellement à l'esprit. C'est ainsi que notre bagage d'anglicismes risque - si l'on n'y prend garde - de devenir de plus en plus encombrant et même, éventuellement, envahissant.

Dans l'état actuel des choses, il est certain que la loi du nombre ne favorise ni la survie ni l'épanouissement de notre culture et de notre langue. Parler français en Amérique du Nord, particulièrement à l'extérieur du Québec, suppose déjà une certaine dose de courage et parfois même de témérité... Parler français *correctement* requiert sans doute une dose supplémentaire de ce bel entêtement à rester fidèle à sa langue et à ses racines...

J'ai perdu mon dictionnaire
Dans le haut du trécarré
Et j'ai perdu ma grammaire
Dans le ruisseau du grand pré
Va demander à ta mère
Qui c'est qui les a trouvés
C'est ton père et ton grand-père
Et le bonhomme Honoré
[...]

J'ai refait mon dictionnaire
Page à page et mot à mot
J'ai retrouvé ma grammaire
En lisant de vieux journaux
Et le cheval de mes chimères
Attelé à mon borlot
Suis retourné chez ma mère
Par quarante en bas de zéro
[...]

Gilles Vigneault,
Sur le bout de la langue
(Éd. Le Vent qui vire)

NE DRAMATISONS PAS...

Par le passé, certains ont fortement exagéré l'importance des anglicismes, leur fréquence relative et leur caractère «infamant». Ainsi, au Québec, un manuel de français des années cinquante haranguait lecteurs et lectrices en ces termes:

> *«Une chenille d'un nouveau genre s'est attaquée à notre langue, la salit de sa bave, la ronge de ses mandibules visqueuses. Cette chenille, C'EST L'ANGLICISME! Que les soldats de la cause nationale se lèvent, qu'ils saisissent la torche allumée au foyer du patriotisme! Qu'ils promènent sa flamme ardente dans notre langage journalier!»*

Et ça continue sur le même ton... Ce genre de réthorique nous fait sourire aujourd'hui: les anglicismes nous font moins peur, et les chenilles aussi, sans doute!

Mais si nous sommes maintenant mieux informés et que nous avons acquis plus de sang-froid, ne devons-nous pas devenir en même temps plus efficaces dans nos efforts pour améliorer notre expression? Sans verser dans l'alarmisme des années cinquante, nous avons certainement intérêt à prendre conscience de la pression quotidienne qu'exerce la langue anglaise sur notre vocabulaire, sur notre orthographe et même sur notre syntaxe. C'est face à cette réalité qu'il paraît important d'apprendre à dépister au moins nos anglicismes les plus fréquents et à les éliminer de notre parler et de nos écrits.

On observe depuis quelques années une certaine complaisance dans la presse québécoise vis-à-vis de l'interférence de l'anglais. Aux anglicismes d'ignorance ou d'inattention sont venus s'ajouter une légion d'anglicismes de pur snobisme... Ainsi, il n'est plus question de **perdant-e-s**, mais de [losers]; il n'y a plus de gens **finis** ou qui ont **fait**

leur temps, il n'y a que des [has-been]; on n'est plus **occupé** ou **pris**, on est [booké]. Serait-ce le «syndrome d'Old Orchard» qui poursuit ses ravages? Toujours est-il que le saupoudrage de termes anglo-américains est devenu un [must]... oh! pardon, une **nécessité**!

Si c'est l'effet comique que l'on recherche, alors je suis prêt à marcher, et même à en rajouter et à en remettre... La langue n'est-elle pas invitation au jeu et source de plaisir? Mais dans un contexte sérieux, les règles ne sont plus les mêmes, et chaque fois que l'on recourt inutilement à un terme ou à une expression anglaise, on se trouve à véhiculer inconsciemment le message suivant: «Ma langue est impuissante à m'exprimer».

Enfin... bref... et pour conclure... sans faire de purisme ni de paranoïa, sachons faire preuve de vigilance et de bon sens.

LA GRANDE FAMILLE DES ANGLICISMES

Bien des gens s'imaginent qu'il n'existe que des anglicismes lexicaux, c'est-à-dire des mots anglais utilisés dans des phrases françaises, telles que *Mange tes* [bines] ou [Back up] *le* [truck]. Ce type d'anglicisme est effectivement le plus connu et le plus frappant, mais il est loin d'être le seul, puisque l'on compte au moins six principales catégories d'anglicismes:

1 - les **anglicismes d'orthographe** (mots que l'on *écrit* incorrectement sous l'influence de l'anglais)
Ex.: *Claudia m'a invité à la* [dance] *de samedi soir*. (**danse**)

2 - les **anglicismes de prononciation** (mots que l'on *prononce* incorrectement sous l'influence de l'anglais)
Ex.: le mot **chèque** prononcé [tchèque]. (prononcer comme dans **échec**)

3 - les **anglicismes de vocabulaire** (mots et expressions qui *n'existent pas* en français)
Ex.: *C'est le* [timer] *du four qui est déréglé.* (**minuterie**)

4 - les **anglicismes de sens** (mots qui existent en français, mais qu'on utilise dans un *sens* qu'ils n'ont pas dans cette langue)
Ex.: *La compagnie m'a fait parvenir de la* [littérature] *sur les appareils ménagers.* (**dépliants, brochures, prospectus**)

5 - les **anglicismes locutionnels*** (*expressions* composées de mots français, mais qui sont calquées sur l'anglais et *n'existent pas* dans notre langue)
Ex.: *Elle préfère éviter les* [liqueurs douces]. (**boissons gazeuses**)

6 - les **anglicismes syntaxiques*** (*structures grammaticales* calquées sur l'anglais)
Ex.: *Il a* [payé 10 $ pour] *ce disque.* (**Il a payé ce disque 10 $.**)

* ou **calques**

Et voilà! Vous avez maintenant rencontré les principaux membres de cette famille peu recommandable. Rassurez-vous, il n'est nullement indispensable de les connaître tous par leur prénom... L'important, en effet, n'est pas tant de savoir *classer* ces énergumènes que d'apprendre à les *éviter*. Et ça, c'est une question d'instinct... et aussi, d'entraînement.

PRÊTONS L'OREILLE...

Dans la mesure du possible - et sans aller jusqu'à troubler l'ordre public! - essayez de faire la lecture de cet ouvrage *à voix haute*. Il est particulièrement indiqué de prononcer à haute voix les expressions et les mots *corrects* qui vous sont proposés.

Pourquoi? Parce que vous habituerez ainsi votre oreille à ces mots et que, par la suite, votre **mémoire auditive** pourra vous les rappeler au moment opportun.

Si vous avez l'habitude de dire, par exemple, [faire une décision], vous pouvez arriver, en «éduquant» votre oreille, à adopter définitivement **prendre une décision**. Il demeure aussi, bien sûr, très utile de se trouver des «trucs» qui aident à mieux retenir (ex.: on parle toujours d'une **prise** de décision.).

1.2 CHOIX MULTIPLES

1. Étant en chômage, Marcel a décidé de (d') _____ à Radio-Canada.

   a) appliquer
   b) faire application
   c) **a** ou **b**
   d) **autre réponse**

2. Il circule une rumeur _____ le Premier ministre s'apprêterait à démissionner.

   a) voulant que
   b) à l'effet que
   c) selon laquelle
   d) **a** ou **c**
   e) **b** ou **c**

3. Le récent congrès de biochimie, qui s'est tenu à Montréal, réunissait des _____ du monde entier.

   a) scientistes
   b) scientifiques
   c) **a** ou **b**
   d) **autre réponse**

1. **RÉP.:**   faire une demande d'emploi (**d**)
   OU: postuler un emploi
   EXPL.: *Appliquer* et *faire application*, au sens de «présenter une demande d'emploi», «poser sa candidature à un emploi», sont des anglicismes très répandus.
   MAIS: Ces expressions s'emploient correctement, bien sûr, dans une foule d'autres acceptions (ou sens).
            Ex.: *Cet entraîneur applique les toutes dernières méthodes. - L'infirmière a fait une application de crème antiseptique sur ma blessure.*

2. **RÉP.:**   voulant que *ou* selon laquelle (**d**)
   EXPL.: Il n'existe pas en français de locution [à l'effet que]: il s'agit d'un calque de la tournure anglaise *to the effect that*.

3. **RÉP.:**   scientifiques (**b**)
   EXPL.: La langue française dispose de plusieurs excellents termes pour désigner une personne qui étudie les sciences: **scientifique, chercheur/se** et **homme** ou **femme de science.**
            Il est bon de s'habituer à utiliser le terme *scientifique*, car ce nom offre l'avantage important de s'appliquer indifféremment aux deux sexes.
            Ex.: *À l'âge de 81 ans, Barbara McClintock est devenue une scientifique de renommée internationale. - Marie et Pierre Curie étaient tous deux des scientifiques.*
            Quant au mot *scientiste*, il ne s'utilise pas très fréquemment, puisqu'il désigne en français un adepte du *scientisme* (courant de pensée du dix-neuvième siècle qui prétendait résoudre les grands problèmes de l'humanité par la science).
            Ex.: *Les scientistes véritables sont peu nombreux à notre époque.*

4. _____ la hausse vertigineuse des taux d'intérêt, cette petite épicerie s'est vue acculée à la faillite.

   a) Dû à
   b) À cause de
   c) En raison de
   d) **a ou c**
   e) **b ou c**

5. On a annoncé que les représentants en étaient au dernier _____ _____ des négociations.

   a) stade
   b) stage
   c) **a ou b**
   d) **autre réponse**

6. Ils sont tellement occupés qu'ils ne peuvent jamais sortir _____ _____

   a) en semaine
   b) sur semaine
   c) pendant la semaine
   d) **a ou c**
   e) **b ou c**

_____

Un Français rentre chez lui après un bref séjour au Canada, et partage ses impressions avec un ami: «C'est fou ce que les Canadiens sont polyglottes! - Sans blague! - Mais si, mais si, je te jure!... Tiens, un jour j'ai entendu un chauffeur de taxi demander à un autre en grec: «Aious qu'alé la polis?» Et son collègue lui a répondu en parfait arabe: «Alé là pis a ouatch!»

4. RÉP.:   À cause de *ou* En raison de (**e**)
   OU :   Par suite de, Consécutivement à
   EXPL.:   *Dû à*, employé comme locution prépositive au sens de «à cause de», est un anglicisme.
             La même expression peut, par contre, s'employer comme participe adjectif au sens de «attribuable à».
             Ex.: *La faillite de cette épicerie est due à la hausse des taux d'intérêt.*

☞   Comparez attentivement cette dernière phrase avec celle de l'exercice... et n'allez pas plus loin avant que la lumière se soit faite!

UN BON «TRUC»:
             Si *dû à* peut être remplacé par *à cause de*... **remplacez-le** au plus vite!

   N.B.:   *Dû*, masculin singulier, s'écrit **toujours** avec un accent circonflexe.
             Dus, due, dues ne prennent **jamais, jamais, jamais** d'accent!

5. RÉP.:   stade (**a**)
   OU :   (à la dernière) étape
   EXPL.:   **STAGE**: « période d'études pratiques imposée aux candidat-e-s à un diplôme ou à certaines professions».
             Ex.: *Carmen est censée faire ses stages à Trois-Pistoles.*
             STADE: « étape distincte d'une évolution».
             Ex.: *A ce stade-ci, je n'ai vraiment plus rien à perdre.*
             Attention à l'influence de la locution anglaise *at this stage!*

6. RÉP.:   en semaine *ou* pendant la semaine (**d**)
   EXPL.:   [Sur semaine] est un calque de l'anglais *on week days*.

7. _____ ce qui t'intéresse, je peux te proposer un roman d'amour ou un essai sur la vie après la mort.

   a) Dépendant de
   b) Dépendamment de
   c) **a** ou **b**
   d) **autre réponse**

8. Julie a décidé de _____ la S.A.A.N.B.

   a) joindre
   b) se joindre à
   c) devenir membre de
   d) **a** ou **b**
   e) **b** ou **c**

9. L'incendie _____ dans la chambre à coucher
   et _____ la perte complète de l'édifice.

   a) a pris naissance   -   a résulté en
   b) a pris naissance   -   a eu pour résultat
   c) a originé   -   a résulté en
   d) a originé   -   a eu pour résultat

_____

«Il y a des gens qui parlent, qui parlent - jusqu'à ce qu'ils aient enfin trouvé quelque chose à dire.»

Sacha Guitry

«Pourquoi apprendre ce qui est dans les livres puisque ça y est?»

Le même

7. RÉP.:   autre (**d**) -   Selon ce qui t'intéresse...
   EXPL.:   Calquée sur l'anglais *depending on*, la locution pré-
              positive [dépendant de] n'existe pas en français.
              Quant à [dépendamment de], c'est un archaïsme à
              éviter. (Assez curieusement, le français moderne a
              cependant conservé son antonyme, *indépendamment
              de*.) Bref, pensons **selon**!
   MAIS: Il va de soi que *dépendant* utilisé comme adjectif au
              sens de «soumis, subordonné à», est parfaitement
              français. Ex.: *Elles ne veulent plus être dépendantes
              de leur partenaire*.

8. RÉP.:   se joindre à *ou* devenir membre de (**e**)
   EXPL.:   C'est sous l'influence de l'anglais *to join* que l'on
              prête au verbe *joindre* le sens de «se joindre à». On
              ne [joint] pas une association, mais on **se joint à** cette
              association, on **en devient membre**, ou on **y adhère.**
   DE PLUS: On ne dit pas [joindre l'armée], mais tout simplement
              s'enrôler (l'idée d'armée est incluse dans le terme).
   ET ENFIN: *Joindre quelqu'un*, c'est le rejoindre, par téléphone
              ou par un autre moyen. Ex.: *J'ai enfin réussi à joindre
              Marcel en fin d'après-midi: il m'a invité à me joindre
              à ses amis pour fêter la victoire des Aigles Bleus.*

9. RÉP.:   a pris naissance - a eu pour résultat (**b**)
   OU: a commencé   -   a entraîné
   EXPL.:   [Originer] n'existe pas en français: il s'agit d'une
              création «originale», inspirée sans doute de l'anglais
              to originate.
              Quant au verbe *résulter*, il a le sens de «découler
              (d'une cause)»: *ce divorce résulte d'une mésentente.*
              Mais une mésentente ne peut [résulter en] un divorce
              (calque de l'anglais *to result in*).

10. Irène _____ Saint-Boniface; elle connaît bien
    mon oncle, qui demeure là-bas.

    a)   vient de

    b)   est originaire de

    c)   **a** ou **b**

    d)   **autre réponse**

10. RÉP.:   vient de *ou* est originaire de (**c**)
  OU: est de
  EXPL.:   Ces trois tournures sont également correctes.
  MORALE: N'allons pas chercher des anglicismes là où il n'y en
        a pas!

  SAGESSE
  PROFONDE: Tout ce qui brille n'est pas or... et tout ce qui res-
        semble à l'anglais n'est pas un anglicisme pour
        autant! Étant donné que l'anglais vient du français,
        ces deux langues offrent de nombreuses similitudes.
        Ce qui fait l'anglicisme, ce n'est pas la ressemblance
        avec l'anglais, *c'est la non-conformité à l'usage*
        français. Voilà!

1.3 QUE SAIS-JE?

Le temps est venu de vérifier les connaissances acquises. Vous sentez-vous d'attaque?

Attention! Il y a des pièges...

1. Quelle différence y a-t-il entre un anglicisme et un emprunt accepté?

2. Parmi les mots dont la liste suit, distinguez entre les emprunts acceptés et les anglicismes; dans le cas des anglicismes, donnez le terme français correct.

Blue-jean, bluff, timer, match, originer, sandwich, tip

Emprunt accepté	Anglicisme	Terme correct
....	....	....
....	....	....
....	....	....

....

....

....

....

3. Quelle est la différence fondamentale entre les chenilles et les anglicismes?

4. Corrigez *s'il y a lieu* les phrases suivantes:

   a) Les scientistes s'intéressent de plus en plus aux propriétés médicinales des plantes sauvages.

   b) Janine est originaire de Sudbury, en Ontario, mais ses parents viennent tous deux de Chicoutimi, au Québec.

   c) Depuis le début de la campagne électorale, chaque parti a distribué plusieurs centaines de tonnes de littérature.

   d) Le jeune chômeur s'est appliqué pendant plusieurs heures à préparer une bonne demande d'emploi.

   e) Dépendant de la décision d'Annette, on verra s'il faut acheter un billet de plus.

5. Comparez les phrases *Dû à un accident, il n'est pas venu* et *Dues à un accident de moto, ses blessures sont graves.*

6. Indiquez en cochant (✔) dans la case appropriée si l'énoncé est vrai ou faux.

	VRAI	FAUX
a) *Joindre* Rita, c'est la rejoindre, par téléphone ou par un autre moyen.	❑	❑
b) *Boycottage* est un anglicisme de sens.	❑	❑
c) *Média* est un emprunt accepté.	❑	❑
d) On paie toujours *pour* quelque chose.	❑	❑
e) *Sortir en semaine* est un calque de l'anglais.	❑	❑

7. DITES DONC...

a) Quelle est la différence entre un *stade* et un *stage*?

b) Qu'est-ce que les mots *décor, milieu* et *cliché* ont de commun?

c) Corrigez la locution *même à ça.*

d) Ce mot coloré remplace avantageusement *brainstorming.*

e) Je suis sucrée, je pétille et je suis meilleure pour le chrome de l'auto que pour les parois de l'estomac; que suis-je?

RÉPONSES

1. Emprunt accepté: emprunt considéré comme *conforme* au bon
    usage (généralement parce qu'il n'existe en
    français aucun équivalent satisfaisant au mot
    ou à l'expression empruntés).

    Anglicisme: emprunt considéré comme contraire au bon usage
    (généralement parce qu'il existe déjà un ou plu-
    sieurs équivalents satisfaisants en français).

2. Emprunts acceptés: blue-jean, bluff, match, sandwich.

    Anglicismes: [timer] - minuterie, [originer] - prendre naissance,
    commencer, débuter, etc., [tip] - pourboire.

3. Les anglicismes se transforment beaucoup plus rarement en pa-
    pillons!

4. a) Les scientifiques s'intéressent de plus en plus aux propriétés
        médicinales des plantes sauvages.

    b) *aucune correction nécessaire*

    c) Depuis le début de la campagne électorale, chaque parti a
        distribué plusieurs centaines de tonnes de dépliants (ou: bro-
        chures, particulièrement si c'est plus «épais»...).

    d) *aucune correction nécessaire*

    e) Selon la décision d'Annette, on verra s'il faut acheter un
        billet de plus.

5.   Dans la première phrase, *dû à* n'est pas employé correctement. Il faudrait dire: *À cause d'un accident* (ou: *En raison d'un accident*), *il n'est pas venu.*
Par contre, la deuxième phrase est correcte, puisque les blessures sont *dues à* (c.-à-d. *attribuables à*) un accident.

6.   a)   vrai

   b)   faux

   c)   vrai

   d)   faux

   e)   faux

7.   a)   stade: «étape distincte d'une évolution».
      stage: «période d'études pratiques».

   b)   Ce sont tous des emprunts acceptés de l'anglais au français.

   c)   même là, malgré cela

   d)   remue-méninges

   e)   Une boisson gazeuse, bien sûr!

Si vous avez obtenu presque toutes les bonnes réponses, bravo!

Si vous avez eu un peu de difficulté, ne vous en faites pas...

Il vous suffit, en effet, de revenir systématiquement sur chacun des points qui ont pu vous paraître moins clairs.

La matière de la section 1 sera reprise dans les exercices de récapitulation, à la fin de l'ouvrage (pp. 97-102).

NOTES PERSONNELLES

Section 2

2.1 NOTIONS

SUR LE BOUT DE LA LANGUE

Il y a un certain nombre de mots anglais auxquels on peut devenir abonné à vie ou presque, soit parce qu'on ne connaît pas leurs équivalents français, soit parce qu'on a ceux-ci sur le bout de la langue... et qu'ils y restent obstinément accrochés!

Cachez la colonne de droite et voyez combien d'équivalents vous pourrez trouver par vous-même.

TERMES ANGLAIS	TERMES FRANÇAIS
backlash	**contrecoup, réaction brutale**, et, dans l'usage canadien, **ressac** Ex.: *Les progrès politiques et économiques des francophones ont provoqué un ressac dans certains milieux.*
brainwashing	**lavage de cerveau** Ex.: *Il n'y a pas que les sectes qui pratiquent le lavage de cerveau. - Tu n'a plus les*

mêmes idées du tout; on dirait que tu as subi un lavage de cerveau!

cash

- argent comptant
Ex.: *Pas de chèques, s'il vous plaît; je préfère l'argent comptant.*
- payer comptant (ou: **en espèces**)
Ex.: *Il n'est pas toujours content de payer, mais il paie toujours comptant. - Vous payez par chèque ou en espèces?*
- caisse
Ex.: *Vous paierez à la caisse en sortant.*

check-up

- au sens général: **vérification, bilan**
Ex.: *Le bilan financier de l'entreprise s'est avéré positif.*
- au sens médical: **examen (médical), bilan de santé**
Ex.: *L'examen complet en cinq minutes est une grande trouvaille de la médecine moderne.*

comeback

remontée, retour (en force), rentrée
Ex.: *Après un début de saison désastreux, l'équipe a effectué une remontée spectaculaire (un retour en force remarquable).*
N.B.: *Rentrée* s'emploie dans le cas d'une personnalité du monde des arts, des lettres, de la politique, etc.
Ex.: *Robert Bourassa avait soigneusement préparé sa rentrée politique.*

deadline

échéance, date limite (ou: **heure limite**)
Ex.: *J'aurai peut-être du mal à respecter cette échéance.*

input

Terme mis à la mode par l'informatique, où il se traduit par **entrée** (des données dans un système de traitement) - voir p. 73.
Au sens général, ce sont les termes **apport, contribution, commentaire,** qu'il conviendrait d'utiliser à sa place.
Ex.: *Le comité a reçu des commentaires de toutes les parties intéressées.*

pattern
(au sens figuré)

schéma, modèle, type, patron, structure, processus, cheminement (selon le contexte)
Ex.: *Ses mésaventures amoureuses suivent toujours le même schéma.*

tomboy

garçon manqué, vrai garçon (se dit d'une fille qui a des manières brusques, qui aime les jeux violents)
Ex.: *Marie-Ève n'a nullement honte de sa réputation de garçon manqué.*
N.B.: *Garçonnière* s'emploie surtout comme adjectif.
Ex.: *Cette petite a des allures vraiment garçonnières.*

yesman

béni-oui-oui (se dit de personnes toujours empressées à approuver les initiatives de l'autorité établie)

Ce terme coloré nous vient de l'arabe et,
tout comme *yesman*, il s'emploie surtout
dans le registre familier.
Ex.: *C'est une bande d'opportunistes et de
béni-oui-oui.*

«QU'IL EST DIFFICILE D'AIMER...»

«Qu'il est difficile d'aimer», chante Gilles Vigneault dans sa
célèbre chanson. Qu'il est difficile d'aimer, certes, sans commettre de
graves fautes... contre la langue française, bien entendu!

Qu'avons-nous, par exemple, à [tomber en amour] ou à [être en
amour] avec quelqu'un quand il est tellement plus «correct» de **tomber
amoureux/se** ou d'**être amoureux/se de** quelqu'un?

Un [ami de garçon] ou une [amie de fille] sont-ils réellement plus
affectueux qu'un-e **ami-e** ou qu'un-e **petit-e ami-e**?

Et sortir [steady] offre-t-il vraiment de meilleures garanties que
sortir **régulièrement** ou **sérieusement** avec quelqu'un?

L'union libre fait bien des adeptes et l'expression populaire [s'ac-
coter] paraît, dans ce contexte, fort imagée, mais le français standard
préfère néanmoins **vivre ensemble** ou **en union libre**. Quant à l'expression **vivre en concubinage**, elle fait plutôt vieux jeu: on peut l'u-
tiliser dans le contexte juridique ou pour plaisanter.

Assurément, le mariage demeure très en vogue à notre époque.
Ne sursautez pas cependant si d'aventure on vous annonçait: «Je te
présente l'abbé X qui va marier ton frère». Rappelez-vous qu'en
français *marier* signifie «unir en célébrant le mariage» ou encore,

«donner en mariage» (traditionnellement, le père *mariait* sa fille). Votre frère, lui, préférera sans doute **se marier avec** sa fiancée ou l'**épouser**.

En petits morceaux
s'effrite la nuit...
A petits pas
se coule le clair-obscur...
Goutte à goutte
suinte ma solitude...
Mon ombre se perd
dans les champs d'hier,
et derrière les volets clos
d'un amour rebelle
au mal de l'absence
je te dessine
sensation par sensation.

S'ouvrent sur ma peau
les pétales de ton âme
comme la fleur fragile
d'un été sauvage.
M'enlace, m'étreint
le lierre de tes sentiments...
Ma vie brûle au soleil
d'une passion à vivre encore.
Et mon âme et ma main
en vain te cherchent
à portée de coeur
et inaccessible
au désert d'un jardin en fleurs.

Clermont Martineau,
Penetang Blues
(*Le Goût de vivre*,
15 juin 1977)

DEVANT LE «PETIT ÉCRAN»

L'abréviation **télé** pour désigner la télévision est préférable à [tévé], qui s'inspire sans doute de l'américain, puisque les Britanniques, eux, ont toujours dit «telly».

Quand on parle de l'appareil lui-même, c'est le mot **téléviseur** qui convient. C'est ainsi qu'on regarde la **télévision** (la transmission des images et des sons), mais qu'on fait réparer son **téléviseur**.

Regarder la télévision serait tellement plus agréable s'il ne fallait subir périodiquement les assauts des **annonces** (ou: **messages publicitaires**); les [commerciaux], eux, sont doublement empoisonnants puisqu'en français le mot *commercial* s'emploie exclusivement comme adjectif...

Quelles sont vos émissions préférées? Ne me dites pas que vous avez un faible pour les [cartoons] ! Si vous me forcez à passer aux aveux, je finirai par vous confesser que moi non plus, je ne déteste pas les **dessins animés** bien faits... Par contre, les [soaps], qu'ils soient américains ou bien de chez nous, ah! ça, non merci! Vous me direz qu'il s'agit en réalité de **téléromans**, mais je vous répondrai que pour ma part, je n'ai que faire des **savonnettes**! (terme péjoratif qui me paraît, à moi, tout à fait approprié à la chose...)

Voici encore quelques anglicismes à éviter:

- [switch] : On allume ou on éteint le téléviseur en actionnant le **bouton**.

- [live] : Saviez-vous que l'émission «Coup d'oeil» passait **en direct**?
  (antonyme à retenir: **en différé**)

- [remote control] : La **télécommande** (ou: **commande à distance**) est bien pratique.

• [VCR] : Êtes-vous un-e fervent-e du **magnétoscope**?
N.B.: Cet appareil permet d'enregistrer des émissions de télévision sur **cassettes vidéo** (ou: **vidéocassettes**). Abréviation familière: **mag**.

ON NE PEUT PAS TOUJOURS ÊTRE SUR...

Êtes-vous de cette race de casse-cou ou de cascadeurs qui voyagent *sur* le train, qui dorment *sur* l'autobus, qui dînent *sur* l'avion? Longue vie et le paradis à la fin de vos jours! Mais en attendant, méfiez-vous quand même un peu de l'influence de la préposition anglaise *on*, que nous avons souvent tendance à calquer dans des expressions telles que...

Être [sur] le téléphone	Être **au** téléphone
Accrocher [sur] le mur	Accrocher **au** mur
Entendre une nouvelle [sur] la radio ou [sur] la télévision	Entendre une nouvelle **à la** radio ou **à la** télévision
Vivre [sur] la ferme	Vivre **à** la ferme ou **dans** une ferme
Vivre [sur] l'assistance sociale	Vivre **de** l'assistance sociale
Être [sur] le conseil étudiant	Être **au** conseil étudiant, **faire partie du** conseil, ou **être membre de** ce conseil
Voyager [sur] le train	Voyager **par** le train

Dormir [sur] l'autobus	Dormir **dans** l'autobus
Dîner [sur] l'avion	Dîner **à bord de** l'avion
Être [sur] des drogues	**Être drogué-e, se droguer**

En cas de doute concernant le choix d'une préposition, ne vous fiez pas uniquement à votre intuition... Cherchez dans le dictionnaire le mot le plus important (soit le verbe, soit son complément), et **voyez quelle préposition est utilisée dans les exemples**.

Ex.: Dit-on *jouer sur la rue* ou *dans la rue*? Au mot **rue**, vous trouverez dans *Le Petit Robert* l'exemple suivant: *«enfant qui... joue* **dans** *la rue»*.

ANGLOMANIE AU PAYS D'ASTÉRIX?

Nos cousins d'outremer viennent de traverser une longue période d'anglomanie - ou comme l'écrit l'un d'eux, d'*anglofolie* - dont ils ont, aujourd'hui encore, toutes les peines à s'extraire.

Il est encore de bon ton, par exemple, d'aller faire son [shopping] au [shopping center] en laissant sa Renault au [parking]. Au Canada nous pouvons - sur ces quelques points du moins! - faire la leçon à la mère-patrie avec les termes **magasinage** (accepté par le *Robert*, malgré Dagenais...), **centre commercial** (je ne vous ai pas entendu me souffler [centre d'achats]...) et **stationnement**.

Il fut un temps où l'abus de mots anglais faisait très chic en France, pour ne pas dire très *in*... Mais cette mode assez curieuse et le *franglais* qui en résultait ont été vigoureusement dénoncés au cours des dernières décennies, notamment dans les écrits colorés de René Étiemble, et il est possible que la tendance soit un jour renversée.

Il reste que, face au phénomène actuel de l'anglomanie française, bien des francophones d'ici sont tenté-e-s d'être cyniques et de penser qu'après tout, si nos «cousins» de l'Hexagone s'en donnent à coeur joie... nous aurions bien tort de nous priver!

Rappelons-nous cependant qu'en France l'abus de termes anglais est surtout le produit d'un certain snobisme lié à l'américanolâtrie, tandis qu'au Canada il résulte davantage de notre immersion totale et entière dans un environnement anglo-saxon fortement assimilateur. Bref, ce qui n'est en France qu'une mode un peu extravagante comporterait chez nous des risques plus sérieux.

Ouvrons ici une parenthèse. En gros, le français standard de la France correspond au français standard d'ici. Il existe cependant quelques différences, notamment sur le plan du lexique, et nous avons droit à ces différences, indéniablement. Rien au monde ne nous oblige, par exemple, à porter des *bonnets* plutôt que des *tuques*, des *cache-nez* au lieu de nos *foulards* ou des *moufles* plutôt que des *mitaines*... Après tout, nous devrions savoir mieux que quiconque ce qui nous tient au chaud en hiver!

Ce principe de l'autonomie par rapport à la norme française s'applique tout autant dans le domaine de l'emprunt à l'anglais. Nous n'avons aucune raison d'imiter sur ce plan l'usage «hexagonal» à la mode, en disant, par exemple, [hit parade] au lieu de **palmarès**, [mobile home] au lieu de **maison mobile**, ou [goal] au lieu de **gardien de but.** Et ce n'est pas parce qu'en France certain-e-s se plaisent actuellement à parler de [séniorité] au lieu d'**ancienneté**, ou à utiliser le verbe *supporter* au sens d'«appuyer» (voir p.86), que le reste de la francophonie serait particulièrement avisée d'emboîter le pas. Les pays francophones ne sont plus des colonies linguistiques de l'Hexagone et, en fin de compte, c'est à nous, francophones d'Amérique du Nord, qu'il revient de définir un «français standard d'ici» qui réponde à nos besoins et à notre situation propres.

Caresser les cheveux de nos femmes

Palper sur leur corps nu
Le frémillement de milliers de soleils
Blonds comme les foins du mois de juin

Serrer la main du pêcheur de Cap-Pelé
Sur la friche de nos champs en jachère

Creuser au nord de l'île Miscou
Les tranchées de nos espérances

Y chercher notre île au trésor

Se mouiller le bout des pieds
Dans l'eau verte de la Restigouche

Cela se dit avoir un pays

Calixte Duguay,
«Avoir un pays»,
Les Stigmates du Silence
(Éditions d'Acadie)

2.2 PHRASES À CORRIGER

Phrases douteuses, phrases boîteuses ou phrases affreuses, les phrases suivantes contiennent des anglicismes de tout genre: de vocabulaire, de sens, de structure, etc. Essayez de les repérer et de les corriger.

Attention! Il peut y avoir plus d'un anglicisme par phrase.

1. *Je sais que tu dois rapporter la cassette avant lundi, mais ne t'inquiète pas: nous l'aurons sûrement retrouvée par ce temps-là.*

2. *Jean-Claude n'est définitivement pas prêt à se présenter à l'examen de physique.*

3. *La bibliothèque Champlain a commandé trois copies du dernier livre de Gabrielle Roy.*

4. *Le travail qui a été confié à Lise est très ingrat; j'espère qu'au moins elle sera payée un bon salaire.*

5. *N'oublie pas d'apporter du petit change pour la photocopieuse.*

6. *Sylvie n'a vraiment pas le choix: elle est obligée de canceller son appointement chez le médecin.*

7. *La haute direction de l'entreprise se montre si malhabile qu'elle devrait embaucher des expert-e-s pour l'aviser.*

8. *Roger sauve beaucoup d'argent en faisant lui-même l'entretien de son automobile.*

9. *Johanne a de bonnes chances de remporter une médaille, car elle a bien fait dans toutes les épreuves préliminaires.*

10. *Depuis sa nomination au poste d'assistant au sous-chef adjoint par intérim, Julien est sur un vrai power-trip.*

SOLUTIONS

1. Je sais que tu dois rapporter la cassette avant lundi, mais ne t'inquiète pas: nous l'aurons sûrement retrouvée **d'ici là.**

    EXPL.: *Par ce temps-là* est un calque de l'anglais *by that time* - sauf, bien sûr, s'il s'agit des conditions de la météo...
    Ex.: *Sortiriez-vous votre chien par ce temps-là?*

2. Jean-Claude n'est **certainement** (ou: **absolument**) pas prêt à se présenter à l'examen de physique.

    EXPL.: Contrairement à *definitely*, qui peut avoir le sens de «certainement, assurément, absolument», *définitivement* signifie «de façon irrévocable, irrémédiablement, une fois pour toutes». (Pensez à: «Ma décision est définitive, il n'est pas question que je revienne là-dessus».)

3. La bibliothèque Champlain a commandé trois **exemplaires** du dernier livre de Gabrielle Roy.

    EXPL.: Une *copie* est une reproduction d'un écrit, par exemple par le procédé de la photocopie.
    Ex.: *Il est bon de conserver une copie de tous ses documents importants.*

Utiliser le mot *copie* au sens d'«exemplaire d'un livre, d'un périodique ou d'un imprimé quelconque», c'est commettre à la fois un anglicisme et un archaïsme - et croyez-moi, il n'en faut *pas plus* pour avoir un dossier à la G.R.C.!

4. Le travail qui a été confié à Lise est très ingrat; j'espère qu'au moins **elle sera bien payée** (ou: **qu'elle recevra un bon salaire**).

   EXPL.:   En anglais, un verbe à la voix passive peut être suivi d'un complément d'objet direct (*I am paid a good salary*); en français, une telle construction est inacceptable.

5. N'oublie pas d'apporter de la **petite monnaie** pour la photocopieuse.

   EXPL.:   En français, *change* ne peut prendre le sens de *monnaie* («somme constituée par plusieurs pièces ou billets représentant au total la valeur d'une seule pièce, d'un seul billet» - *Le Petit Robert*).

6. Sylvie n'a vraiment pas le choix: elle est obligée d'**annuler** son **rendez-vous** chez le médecin.

   EXPL.: i.   En dehors du jargon juridique, *canceller* est un emploi fort critiqué, puisque notre langue dispose après tout des excellents termes *annuler, supprimer, décommander*, etc.

   ii. En français moderne, le mot *appointements* ne s'utilise qu'au pluriel et au sens de «paie, rétribution, salaire». Employé au sens de «rendez-vous», c'est un archaïsme doublé d'un anglicisme.

7. La haute direction de l'entreprise se montre si malhabile qu'elle devrait embaucher des expert-e-s pour la **conseiller**.

    EXPL.: Le verbe *aviser* employé au sens de «conseiller» est un anglicisme. Mais on dira fort bien : *Nous l'avons avisé* (c.-à-d. **averti, informé**) *de la date de notre arrivée.*

8. Roger **épargne** (ou: **économise**) beaucoup d'argent...

    EXPL.: Le verbe *sauver* peut avoir le sens de «faire échapper quelqu'un à un grave danger» (*sauver un-e malade, sauver son peuple*), ou d'«empêcher la perte, la ruine de quelque chose» (*sauver son honneur, sauver les apparences, sauver sa peau*), mais il ne peut jamais signifier «épargner» ou «économiser».
    N.B.: On ne [sauve] pas du temps, on **gagne** du temps; on ne se [sauve] pas du travail, on s'**évite** du travail.

9. Johanne a de bonnes chances de remporter une médaille, car elle a **excellé** (ou: **s'est distinguée**) dans toutes les épreuves préliminaires.

    EXPL.: *Bien faire* signifie soit «bien agir» (*elle a cru bien faire en l'avertissant*), soit «être avisé-e» (*tu ferais bien de le consulter*). Il ne peut prendre le sens de «réussir, exceller, donner un bon rendement».

10. Depuis sa nomination au poste d'assistant au sous-chef adjoint par intérim, Julien est devenu un véritable **mégalomane** (ou, plus familièrement: **complètement mégalo**).

    EXPL.: i. *Mégalomane* et *mégalo* peuvent s'employer comme adjectifs ou comme noms.
    Ex.: *Ernest devient de plus en plus mégalomane.* -

Gisèle est une mégalo qui s'ignore. - Les mégalos, quelle calamité!

ii. Autres tournures (à peu près équivalentes): *C'est un-e assoiffé-e du pouvoir, un-e drogué-e du pouvoir; le pouvoir lui est monté à la tête; il/elle a le délire (la folie!) des grandeurs.*

2.3 QUE SAIS-JE?

Le temps est venu pour l'auteur de donner libre cours, une fois de plus, à ses instincts les moins nobles en vous proposant difficultés, attrapes et «colles» de tout genre...

1. Un verbe à la voix passive peut-il avoir un complément d'objet *indirect* en français?

2. Comparez les phénomènes de l'anglomanie en France et de l'anglicisation au Canada.

3. Comparez les phrases *Martin a définitivement l'intention de partir* et *Martin a l'intention de partir définitivement*.

4. Complétez les phrases suivantes en utilisant *un* des mots ou groupes de mots entre parenthèses:

a) Rosa et Jos passaient des heures devant le téléviseur à regarder les (cartoons, bandes dessinées, dessins animés).

b) Il a acheté deux (exemplaires, copies) du livre de Caldicott sur la folie nucléaire.

c) Que pensez-vous des (commerciaux, annonces) qui font appel aux stéréotypes sexistes?

d) Claude aurait vendu son âme au diable pour pouvoir faire un tour au (centre commercial, centre d'achats, shopping center).

e) La fille du patron est (au, sur le, dans le) bureau de direction du syndicat depuis cinq ans.

5. *Soulignez*, dans les phrases suivantes, les expressions en italique qui sont *correctes* :

a) Les Nordiques ont fait un *comeback* spectaculaire en troisième période.

b) On m'a *avisée* que la réunion aurait lieu le 15 au lieu du 18; je devrai donc être de retour *d'ici là*.

c) As-tu entendu ça *à* la radio ou *sur* la télévision?

d) En attendant que tu la *maries*, vous pourriez toujours *vivre ensemble*.

e) Elle a toujours préféré payer *contant*.

6. Pointez (✔) dans la case appropriée selon que l'énoncé est vrai ou faux.

	VRAI	FAUX
a) *Vivre en concubinage* s'emploie dans le contexte juridique ou pour plaisanter.	❑	❑
b) Un *béni-oui-oui* est un fanatique de la pensée positive.	❑	❑
c) On peut vivre *à la* ferme ou *dans une* ferme.	❑	❑
d) *Ressac* s'emploie au Canada au sens de «contrecoup, réaction brutale».	❑	❑
e) *Tomboy* est un emprunt accepté en français.	❑	❑

7. DITES DONC...

a) Mot de dix lettres désignant une personne à qui le pouvoir est monté à la tête.

b) Que peut-on dire au lieu de *deadline*?

c) Une émission qui ne passe pas en direct passe ...

d) Corrigez *vivre sur l'assistance sociale*.

e) Appareil merveilleux permettant d'enregistrer des émissions de télévision.

RÉPONSES

1. Un verbe à la voix passive peut avoir un complément d'objet **indirect**, oui, certainement.
   Ex.: *Les clés ont été remises à ton oncle*.
   Mais jamais, jamais, jamais en français un verbe à la voix passive ne peut avoir un complément d'objet **direct**. (Pourquoi? Tout simplement parce qu'un objet direct suppose une *action* qui porte directement sur lui, et requiert donc la voix *active*.)

2. Le phénomène de l'anglomanie en France paraît relever plutôt d'une mode et d'un engouement attribuables au «prestige» de la technologie et de la culture populaire américaines; au Canada, le phénomène de l'anglicisation, plus sérieux, résulte davantage de notre «immersion totale» dans le milieu nord-américain majoritairement anglo-saxon.

3. Dans *Martin a définitivement l'intention de partir*, le mot *définitivement* est un anglicisme. Il faudrait dire: *Martin a certainement l'intention de partir*.
   La deuxième phrase, *Martin a l'intention de partir définitivement*, n'a pas le même sens: elle signifie que Martin a l'intention de partir pour toujours, pour ne plus jamais revenir.

4. a) dessins animés
   b) exemplaires
   c) annonces
   d) centre commercial
   e) au

5. Expressions *correctes*:

    a) aucune (il faudrait dire *une remontée* ou *un retour en force*)

    b) *avisée, d'ici là*

    c) *à* la radio

    d) *vivre ensemble*

    e) aucune (on écrit *payer comptant*)

6. a) vrai

    b) faux

    c) vrai

    d) vrai

    e) faux

7. a) mégalomane

    b) échéance, date limite (ou: heure limite)

    c) en différé

    d) vivre *de* l'assistance sociale

    e) magnétoscope

Avez-vous fait quelques erreurs?

Ne vous découragez pas... Souvenez-vous plutôt de l'immortelle parole de Chateaubriand: « Il est bon de se prosterner dans la poussière, mais il n'est pas bon d'y rester ».

Revenez donc, armé-e d'un bon crayon, sur chacun des aspects de la matière qui a pu vous échapper. Au besoin, cherchez un complément d'information dans l'un des ouvrages qui figure dans notre bibliographie (pp. 105-109).

NOTES PERSONNELLES

Section 3

3.1 NOTIONS

PENSONS EN FRANÇAIS

Un ou deux anglicismes syntaxiques bien frappés suffisent généralement à mettre le professeur de français le plus aguerri... en transes. On s'accorde en effet à considérer ces anglicismes de structure comme «les plus graves». Pourquoi?

Si je dis [l'exécutif] *de l'association s'est réuni*, au lieu de *le* **bureau** *de l'association s'est réuni*, je calque un mot - et un seul mot - d'anglais.

Si, par contre, je dis *la question en est une d'importance,* au lieu de **c'est une question bien importante**, c'est toute une structure grammaticale étrangère au français que j'introduis alors dans mon propos.

Ce genre de calque résulte d'une tendance inconsciente à penser en anglais pour traduire ensuite... en franglais!

En tant que francophones d'Amérique du Nord, nous devons nous montrer vigilant-e-s sur ce plan et chercher, malgré les contraintes ambiantes, à penser d'abord... en français!

A la page suivante, cachez la colonne de droite et voyez si vous pouvez corriger par vous-même les anglicismes apparaissant dans la colonne de gauche.

1. *Ils sont vingt ans en retard par rapport à la Suède. («They are twenty years behind...»)*

1. Ils sont **en retard de vingt ans** par rapport à la Suède.

2. *Il est vrai que beaucoup reste à faire («... much remains to be done»).*

2. Il est vrai qu'**il reste beaucoup à faire.**

3. *Cette question est vraiment difficile à répondre («... difficult to answer»).*

3. **Il est** vraiment **difficile de répondre** à cette question. (Ou: C'est une question à laquelle il est vraiment difficile de répondre.)

4. *Mon frère est né à Timmins, Ontario, et ma belle-soeur, à Victoriaville, Québec («... in Timmins, Ontario, and... in Victoriaville, Québec»).*

4. Mon frère est né à Timmins, **en** Ontario, et ma belle-soeur, à Victoriaville, **au** Québec.

5. *Bien des choses ont le temps de changer au cours des prochains dix ans («... during the next ten years»).*

5. ... au cours des **dix prochaines années.** (A noter également: les deux premières minutes, les trois derniers jours, les six autres semaines.)

6. *Ce copieux repas ne m'a coûté que trois dollars, incluant le pourboire («... including the tip»).*

6. ... trois dollars, **pourboire inclus.**

7. *Rien ne pourra compenser
   pour le tort qu'ils lui ont
   causé. («Nothing can com-
   pensate for the harm they
   have caused him».)*

7. Rien ne pourra **compenser
   le tort** qu'ils lui ont causé.

8. *Elles ont été demandées de
   préparer un document de travail pour la prochaine réu -
   nion. («They were asked to
   prepare...»)*

8. **On leur a demandé** de préparer un document de travail
   pour la prochaine réunion.

9. *Avez-vous été répondu?
   (« Have you been an-
   swered?»)*

9. **Est-ce qu'on vous a répondu**? (Ou: Avez-vous obtenu
   une réponse?)

10. *Il a manoeuvré habilement
    de façon à siéger sur tous
    les comités-clé («...to sit
    on all the key committees»).*

10. ... de façon à **faire partie de**
    (ou: être membre de) tous les
    comités-clé.
    (N.B.: *Siéger à* est critiqué.)

QUELQUES TERMES D'INFORMATIQUE

On a parfois tendance à croire que tout ce qui est technologie de pointe porte nécessairement le sceau *Made in U.S.A...* C'est là, évidemment, faire bien peu de cas de l'apport considérable de nombreux autres pays, et pour nous, francophones, cela risque aussi de devenir une excuse facile pour user et abuser des termes anglais dans toutes sortes de domaines, dont celui de l'informatique.

On trouvera ci-dessous, dans la colonne de gauche, une série de termes anglais qu'il nous arrive d'utiliser, en toute innocence... et dans la colonne de droite, leurs équivalents français reconnus et parfaitement courants.

TERMES ANGLAIS	TERMES FRANÇAIS
abort	(nom) **arrêt, suspension d'exécution***
	(verbe) **arrêter, suspendre l'exécution***
audit	(nom) **vérification**
	(verbe) **vérifier**
bug	**erreur**
	(N.B.: *debug* - mettre au point, corriger; *debugging* - mise au point)
byte (eight-bit)	**octet***
clear (to)	**effacer**
	(et non [clairer], qui n'existe pas en français)
computer graphics	**infographie***
console	**pupitre**
data	**données, information**
	(N.B.: *data bank* - banque de données *data base* - base de données)

desktop publishing	**éditique** (forme abrégée de **édition élec-tronique**), **publication assistée par ordi-nateur (PAO)***
file	(nom) **fichier** ☞ Évitons *filière*, qui n'a pas ce sens en français. (verbe) **classer, stocker**
floppy disk	**disque souple, disquette** (et non *diskette*)
hardware	**matériel**
home computer	**micro-ordinateur**
input	**entrée***
item	**article**
keyboard	**clavier**
output	**sortie***
printer	**imprimante**
record	(nom) **enregistrement** } *sans accent* (verbe) **enregistrer** } *aigu!*
save (to)	**conserver, sauvegarder** (et non *sauver*, qui n'a pas ce sens en français - voir aussi p. 59)

screen	(nom) **écran**
	(verbe) **trier, sélectionner, filtrer**
software	**logiciel**
store (to)	**mettre en mémoire** ou **stocker,** selon le sens
	☞ Vous [storiez]? Hé bien! **Stockez** maintenant...
tape	**bande, ruban**
update	(nom) **mise à jour**
	(verbe) **mettre à jour**
word processor	**machine de traitement de texte***

*Les termes plus spécialisés - marqués par un astérisque - ne reviendront pas dans les Que sais-je?

Snobissimo

*Certain-e-s adeptes francophones de l'informatique aiment bien utiliser le mot **software**, parce que ça fait américain...*

*Mais, de leur côté, de plus en plus d'anglophones affectionnent le mot... **logiciel**, parce qu'ils estiment, semble-il, que ça fait «chic».*

Avouons que la vie serait terriblement monotone sans les snobs...

«MAIS C'EST DANS LE DICTIONNAIRE!!!»

On a parfois tendance à consulter le dictionnaire comme s'il s'agissait d'un oracle: dès qu'un mot s'y trouve, on le croit bon. Mais le fait qu'un terme figure dans *Le Petit Robert* ou dans le *Lexis* signifie-t-il que ce terme est accepté en français usuel?

Pas du tout!

Avant de tirer des conclusions trop hâtives, il faut vérifier si le dictionnaire donne pour le mot ou pour certaines de ses acceptions, des **marques d'usage** (toujours *en italique*). Ces marques, généralement des abréviations, peuvent préciser la valeur de l'emploi dans le temps (*vx.*: vieux; *vieilli; néol.*: néologisme), dans l'espace (*région.*: régional), dans la société (*fam.*: familier; *pop.*: populaire); on peut aussi nous signaler qu'un terme est considéré comme un anglicisme, un dialectalisme, etc. (Attention! Il ne faut pas confondre ces marques en italique avec l'indication de l'origine des mots, jamais donnée en italique. Ainsi, match,«mot anglais», n'est pas un *anglicisme* pour autant!)

À titre d'exemples, tous les mots ci-dessous figurent dans le *Robert,* mais avec des précisions importantes quant à leur emploi:

BOSS (patron-ne): *familier*

DROP-OUT (décrocheur/euse): *anglicisme*

SEX-APPEAL (attrait sexuel, charme): *anglicisme*

FRIPES (vêtements d'occasion): *souvent péjoratif*

FLIPPER (être exalté-e): *familier*

QUASIMENT (presque): *familier ou régional*

TEENAGER (adolescent-e): *anglicisme*

Lorsqu'il n'y a aucune marque d'usage, il est sous-entendu que l'emploi appartient au français usuel.

L'auteur décline donc solennellement toute responsabilité si vous lancez à la tête de votre patron-ne: «Boss! Tes fripes neuves me font flipper!»

«RODRIGUE, AS-TU DES FEELINGS?»

La psychologie populaire est décidément très à la mode aujourd'hui, et comme il se fait beaucoup de recherche dans ce domaine au sud de nos frontières, il ne faut pas s'étonner si notre vocabulaire en prend parfois pour son rhume...

«Vois-tu, mon Rodrigue, il faut que t'apprennes à dealer avec tes feelings, tsé veux dire? C'est ça ton hang-up, t'es pas en contact avec tes gut feelings! Ça va te prendre une couple de bons insights pour t'en sortir...»

(Ce passage n'est **pas** extrait du *Cid* de Corneille.)

C'est sans doute une certaine forme de snobisme qui nous pousse à utiliser ces termes anglais... à moins, bien sûr, que ce ne soit une croyance superstitieuse voulant qu'un [feeling] soit plus profond qu'un **sentiment,** que [feeler] soit plus authentique que **ressentir,** et qu'un **sentiment profond,** nous venant des **tripes** ou des **entrailles,** ne vaille pas un bon [gut feeling] tout boeuf...

Quel besoin avons-nous de [hang-ups]? N'avons-nous pas assez de nos **problèmes**? (Dans la langue québécoise familière, on peut même parler de *bibittes*...). Essayons, non pas de [dealer] avec nos problèmes, mais de les **régler** ou d'en **venir à bout.** C'est un [challenge], sans doute - oh! pardon... un **défi** - mais ce défi, c'est celui de la **vie** elle-même, et avec le temps nous finirons par avoir des **prises de conscience,** des éclairs, ou encore des **intuitions fondamentales,** qui valent bien les [insights] et qui devraient nous permettre enfin de mieux nous connaître nous-mêmes.

Signalons en terminant ce mot - et cette maladie - un peu trop à la mode aujourd'hui: le [burn-out]. On considère ce terme comme un anglicisme parce que son sens est parfaitement rendu par les termes **épuisement professionnel** et **surmenage** - et que c'est, semble-t-il, tout aussi fatigant!

QUELQUES «CROCS-EN-LANGUE»

Notre prononciation de certains mots peut être influencée par la prononciation de mots semblables en anglais.

On trouvera ci-dessous une douzaine de ces mots qui nous donnent parfois... des crocs-en-langue.

MOT	ANGLICISME DE PRONONCIATION	PRONONCIATION FRANÇAISE
alcool	*al-co-hol*	*al-colle* («ça colle?»)
campus	*camme-puce*	*quand-puce*
cents (une pièce de dix __)	*sènts* (*s* final sonore)	*sènt* (le *t* est prononcé, mais le *s* final demeure muet) En français le *s* du pluriel ne se prononce jamais.
handicap	l^{re} syllabe prononcée comme l'anglais *hand*	prononcer comme dans *hanté*

interview	1re syllabe prononcée comme l'anglais *inter-val*	prononcer comme dans *intervenir*
pneumonie	1re syllabe prononcée comme *noeud*	prononcer comme *pneu*
pyjama	2e syllabe prononcée *dja*	prononcer comme dans *jamais*
revolver	1re syllabe prononcée *ri*; 3e syllabe prononcée comme dans *Life saver*	prononcer *ré*; prononcer comme dans *sévère*
slogan	2e syllabe prononcée comme dans *Reagan*	prononcer comme *gant*
thermostat	3e syllabe prononcée comme dans *je constate*	prononcer comme dans *état*
xylophone	zi-lo-phone	ksi-lo-phone (parfois *gzi-lophone*)
zoo	*zou*	*zo* (Certain-e-s grammairien-ne-s recommandent *zo-o*, mais l'usage préfère nettement *zo*. Et les animaux? Personne ne les a consultés!)

Le petit lutin
joue de l'accordéon.

Le chantre, assis
sur un piquet,
effeuille une saison.

Un djinn
en blue jeans
enseigne la valse au vent.

Des armées d'ombrages
se livrent bataille
dans les sous-fonds
de la plaine endormie.

Un hameçon, jailli du ciel,
se balance par-dessus la tête
des arbres
et récolte une outarde
égarée.

Un iceberg, un ours blanc,
(le ciel) une estampe japo-
naise,
(le vent) un éventail
créent un désaccord constant
que l'oeil du rêveur perçoit
à travers la serrure
du temps.

Une ville sans quai de gare,
sans port, sans aéroport,
sans pont,
flotte au loin et
fait table rase de la mémoire.

Le robinet laisse s'égoutter
sur le roc, sur le ciel,
sur le sol, les multiples sangs
d'arc-en-ciel.

L'univers se transforme
en immense réservoir
pour que puissent éclore de partout
des gerbes, des larmes vertes,
une fleur noire, une fleur violette,
une épine.

Le berger,
debout derrière un arbre,
s'esquive encore.

Le magicien
s'endort.

Paul Savoie, «La Création»
(**Nahanni**, Éditions du Blé)

LE FRANÇAIS, LANGUE DIFFICILE

«Est-ce si difficile de parler correctement le français? Le français n'est pas une langue facile, c'est vrai. Mais existe-t-il des langues faciles? On allègue souvent la simplicité de la langue anglaise. La grammaire en est simple et le système verbal sans complication. Comment expliquer alors que tant de gens l'écrivent si mal? C'est que l'anglais est une langue où, en l'absence de règles fixes, l'instinct sert de guide. On peut facilement apprendre à se débrouiller en anglais; mais maîtriser cette langue, y exprimer un message d'une certaine densité, c'est loin d'être facile.

Bien s'exprimer dans quelque langue que ce soit est toujours difficile. D'ailleurs rien de ce qui a de la valeur n'est facile.»

(Robert Dubuc, **Lettre à un jeune Québécois**, Éditeur officiel du Québec)

3.2 CHOIX MULTIPLES

1. Louis Riel a toujours _____ les droits fonda-
   mentaux de la nation métisse.

   a) insisté sur
   b) mis l'emphase sur
   c) mis l'accent sur
   d) **a** ou **b**
   e) **a** ou **c**

2. «Préfères-tu le train ou l'autobus? - Franchement, _____
   _____ ».

   a) ça ne me fait pas de différence
   b) ça ne me fait aucune différence
   c) **a** ou **b**
   d) **autre réponse**

3. Nous ne savions pas que tout le monde était _____
   remplir ce formulaire.

   a) supposé
   b) supposé de
   c) **a** ou **b**
   d) **autre réponse**

1. RÉP.:   insisté sur *ou* mis l'accent sur **(e)**
   EXPL.: [Mettre l'emphase sur] est un calque de l'anglais *to lay*
           emphasis on.
           Nettement péjoratif en français, le mot *emphase* s'applique
           à un style oratoire enflé ou grandiloquent.
           Ex.: *Le conférencier s'exprimait avec une emphase qui*
           nous a fait pouffer de rire. - *Son style est pédant, affecté,*
           plein d'emphase.

2. RÉP.:   autre **(d)** - ça m'est égal
   EXPL.: Inspirée directement de l'anglais, l'expression [ne pas faire
           de différence à quelqu'un] n'existe pas en français.
   N.B.:   On peut donner plus de relief à l'expression *ça m'est égal*
           en y ajoutant un adverbe.
           Ex.: *Partir ou rester, cela lui était parfaitement égal.* -
           Vous ne voulez plus de moi? Ça m'est bien égal.

3. RÉP.:   autre **(d)** - censé
   EXPL.: *Être supposé* suivi d'un infinitif, au sens d'un *devoir* et non
           d'une *supposition* : voilà un anglicisme fort répandu! Il
           vaut mieux éviter tout à fait cette construction, utilisée in-
           correctement au Canada neuf fois sur dix.

   ☞   1 - N'utilisons jamais, jamais, jamais la préposition *de*
                après *censé.*
                Ex.: *Michelle est censée m'appeler ce soir.* - *Tu*
                n'étais pas censé savoir ça. - *Il était censé faire beau*
                toute la journée.
           2 - *Sensé (avec un s)* signifie «raisonnable».
                Ex.: *Vous tenez des propos fort sensés.* - *Charles est*
                censé être un homme sensé.

4. Cet administrateur _____ compétent ne cesse de se mettre les pieds dans les plats.

   a) censément
   b) sensément
   c) supposément
   d) **a ou b**
   e) **a ou c**

5. _____ l'année dernière, Josée a obtenu d'excellents résultats dans son jardin.

   a) Comparé à
   b) En comparaison avec
   c) Comparativement à
   d) **a ou b**
   e) **b ou c**

6. Après la déconfiture de son club en demi-finale, Rhéal a décidé de (d') _____ les Canadiens.

   a) appuyer
   b) supporter
   c) **a ou b**
   d) **autre réponse**

_____

«L'homme n'est pas fait pour le travail, et la preuve, c'est que ça le fatigue.»

Tristan Bernard

«Je suis un contemplateur fervent de l'effort d'autrui.»

Le même

4. RÉP.:   censément (**a**)
   EXPL.: 1 - *censément* : par supposition, en apparence, selon ce
                qui est dit ou cru. (Les doutes exprimés sur cet excel-
                lent terme dans *Le Grand Robert* ne sont pas corrobo-
                rés par les autres dictionnaires.)
            2 - *sensément* : d'une manière sensée (terme vieilli)
            3 - *supposément* : n'existe pas en français
   N.B.:   **Censé** et **censément** peuvent sembler rebutants au pre-
            mier abord, mais avec le temps et à l'usage... on est *censé*
            s'y accoutumer!

5. RÉP.:   comparativement à (**c**)
   EXPL.: Calquées sur l'anglais *in comparison with* et *compared to*,
            les locutions prépositives [en comparaison avec] et [com-
            paré à] n'existent pas en français.
   MAIS: *Comparé* utilisé comme adjectif ou comme participe est
            parfaitement irréprochable... Notons bien qu'il doit néces-
            sairement **se rapporter à un nom ou à un pronom.**
            Ex.: *Constamment comparée à sa soeur, Hélène a fini par
            en faire un complexe.*

6. RÉP.:   appuyer (**a**)
   EXPL.: Contrairement à l'anglais *to support*, le verbe *supporter* ne
            peut jamais prendre le sens d' «aider, accorder son appui
            à». Il signifie plutôt, au sens figuré, «endurer, tolérer».
            Ex.: *Malgré sa patience d'ange, elle n'arrive plus à sup-
            porter les crises de jalousie de son ami.*
   ☞   Gardons-nous donc des contresens embarrassants...
            Ex.: *Supportons le Premier ministre* signifie très exacte-
            ment «Essayons de l'endurer... du moins jusqu'aux pro-
            chaines élections!»

7. «Ça y est, soupire Monique, je viens de (d') _____ mon examen de chimie».

   a) couler
   b) bloquer
   c) faillir
   d) échouer
   e) échouer à

8. «Console-toi, répond Gilles, au moins tu as _____ l'examen de statistique.»

   a) passé
   b) passé à
   c) réussi
   d) réussi à

9. Linus Pauling considère la vitamine C comme le traitement le plus _____ contre le rhume.

   a) effectif
   b) efficace
   c) efficient
   d) **a** ou **b**
   e) **b** ou **c**

_____

«Un savant est un homme qui sait beaucoup de choses qu'il faudrait connaître mieux que lui pour savoir s'il n'est pas un âne.»

Hector Talvart

«Dans toutes les tentatives faites pour démontrer que 2+2=4, il n'a jamais été tenu compte de la vitesse du vent.»

Raymond Queneau

7. RÉP.:   échouer à (e)
    EXPL.: 1 - *Couler* et *bloquer (un examen)* conviennent dans la
               langue familière seulement.
           2 - *Faillir* a, en français moderne, le sens de «passer près
               de». Ex.: *J'ai failli tomber.* En aucun cas il ne peut
               avoir le sens d'«échouer» comme le verbe anglais *to*
               fail.
           3 - Notons bien qu'*échouer* se construit dans ce sens avec
               la préposition *à.* Même avec la plus mauvaise volonté
               du monde, *on ne peut pas* [échouer un examen]!

8. RÉP.:   réussi à (d)
    EXPL.: L'expression *passer un examen* existe en français, mais
           elle ne peut prendre le sens de «réussir à un examen». Elle
           signifie strictement «se présenter à l'examen» et «en subir
           les épreuves (bien ou mal)» .
           Ex.: *Il a passé son examen de biologie la semaine dernière,*
           mais il ne sait toujours pas s'il a réussi.
    N.B.: Évitez cet autre «petit monstre», [écrire un examen, un test,
           etc.].
    ☞   Retenons donc les deux expressions **échouer à** et **réussir**
           à!

9. RÉP.:   efficace (b)
    EXPL.: Ne nous laissons pas trop influencer par les mots anglais
           effective et *efficient.* En français, seul le mot **efficace** peut
           avoir le sens de «qui produit l'effet qu'on en attend».
           Quant à **effectif**, il signifie «réel, tangible».
           Ex.: *Tu nous as apporté une aide effective, et non unique-*
           ment un appui en paroles.
           Efficient, enfin, est un terme très spécialisé qui s'em-
           ploie surtout en philosophie.

10. Avant son _____ , ma soeur habitait seule dans un
petit_____ dont j'ai oublié l'_____.

    a)   mariage - apartement - addresse
    b)   mariage - appartement - adresse
    c)   marriage - apartement - adresse
    d)   mariage - appartement - addresse

10.RÉP.:   mariage - appartement - adresse (**b**)

   N.B.:   Comparez avec la graphie anglaise : *marriage, apartment, address.*

À PROPOS D'ORTHOGRAPHE...

Connaissez-vous l'histoire de la patronne qui vient de relire une lettre fraîchement dactylographiée et qui fait à sa secrétaire l'observation suivante: «*Mélanie, j'apprécie beaucoup la créativité, mais pas en orthographe!*»

Quel dommage, tout de même, que la créativité orthographique ne soit pas reconnue à sa juste valeur... car alors le monde serait plein de Picassos et de Dalis de l'orthographe!

3.3 QUE SAIS-JE?

Vous avez consciencieusement repassé la matière de la section? Et vous avez maintenant l'audace d'attaquer les questions? Attention! Il y en a de franchement cruelles...

1. Quelle est l'utilité des marques d'usage dans le dictionnaire?

2. Reliez les termes anglais d'informatique aux termes français correspondants:

hardware	**corriger**
software	**pupitre**
console	**fichier**
printer	**matériel**
tape	**mise à jour**
screen	**bande**
to debug	**logiciel**
file	**mettre en mémoire**
to store	**imprimante**
update	**écran**

3. Quel rapport peut-il bien y avoir entre l'équation 2+2= 4 et la vitesse du vent?

4. Corrigez *s'il y a lieu* les phrases suivantes:

   a) Comparé à l'an dernier, ton entreprise semble assez prospère.

   b) La pratique de la religion a beaucoup évolué au Québec durant les vingt dernières années.

   c) Ta question concernant les drop-out est franchement difficile à répondre.

   d) Ce gouvernement met beaucoup trop l'emphase sur les dépenses militaires.

   e) Seul un accident grave pourrait m'empêcher de passer l'examen de géographie; mais seul un miracle me permettrait d'y réussir...

5. Que faire lorsqu'on hésite sur le choix d'une préposition?

6. Pointez (✔) dans la case appropriée selon que l'énoncé est vrai ou faux.

	VRAI	FAUX
a) La première syllabe de *pneumonie* se prononce *pneu*.	❑	❑
b) *Passer un examen*, c'est réussir à cet examen.	❑	❑
c) *Supporter* a le sens de «endurer, tolérer».	❑	❑
d) *Efficace* et *efficient* sont presque synonymes.	❑	❑
e) *Censé* se construit parfois avec la préposition *de*.	❑	❑

7. DITES DONC...

a) Qu'est-ce que les mots *flipper* et *quasiment* ont de commun?

b) Donnez deux équivalents français du mot *burn-out*.

c) Corrigez *Ça ne lui fait pas de différence*.

d) Mot de neuf lettres qui signifie «par supposition, selon ce qui est dit ou cru».

e) Comment se prononce *campus*?

RÉPONSES

1. Les marques d'usage, apparaissant toujours *en italique* et généralement sous forme abrégée, servent à préciser la valeur d'un emploi dans le temps, dans l'espace, dans la société, etc. Le mot *boss*, par exemple, est considéré comme familier (*fam.*). Lorsqu'il n'y a aucune marque d'usage, il est sous-entendu que l'emploi appartient au français usuel.

2.

hardware	→ matériel	software	→ logiciel
console	→ pupitre	printer	→ imprimante
tape	→ bande	screen	→ écran
to debug	→ corriger	file	→ fichier
store	→ mettre en mémoire	update	→ mise à jour

3. Aucune idée! C'est à monsieur Queneau qu'il aurait fallu poser la question, mais il est mort, hélas!...

4. a) Comparativement à l'an dernier, ton entreprise semble assez prospère.

   b) *aucune correction nécessaire*

   c) Il est franchement difficile de répondre à ta question concernant les décrocheurs/euses.

   d) Ce gouvernement met beaucoup trop l'accent sur les dépenses militaires.

   e) *aucune correction nécessaire*

5. De l'angoisse, d'abord, de la bonne vieille «angoisse grammaticale». Ensuite, on cherchera dans *Le Petit Robert* ou dans un autre

bon dictionnaire le mot qui commande le choix de la préposition (il s'agit souvent d'un verbe). Avec un peu de chance, on trouvera en lisant les exemples un contexte ressemblant et la préposition à utiliser.

Ex.: Faut-il écrire *je m'attends de réussir* ou *je m'attends à réussir*? En cherchant dans *Le Petit Robert* au verbe *attendre*, on trouve *s'attendre* avec l'exemple suivant: *On s'attend à trouver un dieu.* Plus loin, il est même indiqué que *s'attendre de* est vieux (*vx.*), donc à éviter.

6. a) vrai

    b) faux

    c) vrai

    d) faux

    e) faux

7. a) Ils figurent tous deux dans le dictionnaire, mais sont considérés comme *familiers*. (Il est permis, en somme, d'utiliser ces termes dans la vie courante ou dans un écrit léger, mais *jamais, jamais, jamais* dans un contexte sérieux...!)

    b) surmenage; épuisement professionnel

    c) Ça lui est égal.

    d) censément

    e) *quand-puce*

Si vous avez obtenu presque toutes les bonnes réponses, félicitations!

Si vous avez commis quelques erreurs, ne posez pas de geste désespéré...

Car, comme l'écrit l'illustre Philippe Destouches,
  « Il est bon quelquefois de s'aveugler soi-même,
  *Et bien souvent l'erreur est le bonheur suprême» (**Le Glorieux**).*

Repassez tout de même - dans un état de félicité parfaite! - la matière de la section en prenant bonne note de chacun des points qui ont pu vous échapper à la première lecture. Faites-en autant pour les deux sections précédentes, et vous serez alors très bien armé-e pour attaquer les exercices de récapitulation qui suivent.

NOTES PERSONNELLES

3.4 QUE SAIS-JE?
(RÉCAPITULATION)

1. Qu'est-ce qu'un anglicisme syntaxique? Pourquoi accorde-t-on une importance particulière à ce type d'anglicisme?

2. LE JEU DES HUIT ANGLICISMES

   Corrigez les huit anglicismes contenus dans la série de phrases suivante:

   a) Une journée nous aura suffi pour tomber en amour avec l'Alberta.

   b) Elles comptent sauver beaucoup de temps en utilisant une machine de traitement de texte.

   c) À t'entendre, mon pauvre vieux, on croirait que tu t'es fait brainwasher!

d) Mon amie de fille est toujours sur des drogues; elle a fait un appointement pour un check-up, et j'espère qu'elle aura le courage d'y aller.

e) Les Beauchemin ont déménagé il y a plus de dix ans et résident maintenant à Denver, Colorado.

3. «*Au zoo, c'est peut-être pour amuser les bêtes qu'on nous permet de défiler devant leurs cages*» (André Birabeau). Comment se prononce *zoo* ?

4. Soulignez *toutes les expressions correctes* dans chacune des séries entre parenthèses:

   a) (appuyer, supporter) un-e candidat-e intègre

   b) (faire, prendre) une décision importante

   c) (insister sur, mettre l'accent sur, mettre l'emphase sur) un point essentiel

   d) (appliquer, faire application, faire une demande d'emploi) auprès d'une compagnie

   e) (être censé-e, être censé-e de, être supposé-e) remplir ses obligations

   f) (couler, faillir, échouer, échouer à) un examen difficile

   g) faire la fête (en semaine, sur semaine, pendant la semaine)

   h) avoir (le change exact, la monnaie exacte)

   i) (joindre, se joindre à, devenir membre de) l'équipe nationale

   j) (annuler, canceller) une émission

5. Indiquez en cochant (✔) dans la case appropriée si l'énoncé est vrai
   ou faux.

	VRAI	FAUX
a) *Aviser* quelqu'un, c'est le conseiller.	❑	❑
b) *Supposément* n'existe pas en français standard.	❑	❑
c) *Baladeur* remplace avantageusement *walkman*.	❑	❑
d) *Vivre ensemble*, c'est vivre en union libre.	❑	❑
e) *Compenser* se construit avec la préposition *pour*.	❑	❑

6. DITES DONC...

   a) Dans une pièce de dix cents, le *s* final est-il muet?

   b) Synonyme de *commande à distance* (12 lettres).

   c) Que signifie *marier quelqu'un* ?

   d) Corrigez *les prochains cinq ans*.

   e) Que peut-on dire au lieu de *backlash* ?

7. Pourquoi notre belle langue est-elle si «diablement» complexe?

RÉPONSES

1. Qui dit syntaxe, dit *structure*. Un anglicisme syntaxique est donc une structure grammaticale calquée sur l'anglais et considérée comme contraire à l'usage français. Pourquoi ce type d'anglicisme est-il considéré comme particulièrement «grave»? Comme l'écrit Jean Darbelnet, «si l'on accepte l'idée que la syntaxe est au coeur de la langue et que, beaucoup plus que le vocabulaire, elle en constitue l'originalité, on sera porté à considérer que les anglicismes de syntaxe sont les plus préjudiciables à son intégrité» (*Le français en contact avec l'anglais en Amérique du Nord*, p.104).

2. a) Une journée nous aura suffi pour tomber amoureux de l'Alberta.

   b) Elles comptent gagner beaucoup de temps en utilisant une machine de traitement de texte.

   c) À t'entendre, mon pauvre vieux, on croirait que tu as subi un lavage de cerveau!

   d) Mon amie (ou: Ma petite amie) est toujours droguée (ou: se drogue constamment); elle a pris rendez-vous pour un examen médical, et j'espère qu'elle aura le courage d'y aller.

   e) Les Beauchemin ont déménagé il y a plus de dix ans et résident maintenant à Denver, au Colorado.

3. *Zo*. (Malgré l'avis de certain-e-s grammairien-ne-s et puristes, qui tiennent à *zo-o*, l'usage préfère *zo*.)

4. a) appuyer un-e candidat-e intègre

   b) prendre une décision importante

   c) insister sur, mettre l'accent sur un point essentiel

   d) faire une demande d'emploi auprès d'une compagnie

e) être censé-e remplir ses obligations

f) échouer à un examen difficile

g) faire la fête en semaine, pendant la semaine

h) avoir la monnaie exacte

i) se joindre à, devenir membre de l'équipe nationale

j) annuler une émission

5. a) faux

    b) vrai

    c) vrai

    d) vrai

    e) faux

6. a) oui

    b) télécommande

    c) «unir en célébrant le mariage» ou «donner (quelqu'un) en mariage»

    d) les cinq prochaines années

    e) contrecoup, réaction brutale, ressac (on choisira selon le contexte)

7. Sans doute parce qu'elle doit «faire souffrir» pour être belle...

    Blague à part, il faut bien reconnaître que le français est une langue très complexe: la dernière édition du *Bon Usage* de Maurice Grevisse ne compte-t-elle pas plus de mille sept cents pages? Avouons-le, certains aspects de notre langue sont critiquables, notamment les caprices de son orthographe, que Paul Valéry jugeait «criminelle» (1935), André Martinet, «détestable» (1969), et Henriette Walter, «tyrannique et souvent incohérente» (1988); il serait grand temps que la francophonie mondiale se mette d'accord sur un projet intelligent de simplification de l'orthographe.

Il existe cependant d'autres dimensions de la langue, plus importantes, telles que *l'expression claire et précise de la pensée*. Celle-ci demeurera *toujours* un défi, et ce, dans quelque langue que ce soit. Comme l'écrit Robert Dubuc, que nous citions plus haut, la prétendue «grande facilité» de l'anglais tient du mythe, car s'il est relativement simple de maîtriser l'anglais de tous les jours, il est beaucoup plus difficile d'y exprimer un message d'une certaine complexité.

Alors, consolons-nous... nous ne sommes pas les seul-e-s à souffrir!

NOTES PERSONNELLES

"Y fait pas chaud sur l'avion à matin!"

POUR EN SAVOIR PLUS LONG...

Voici une bibliographie choisie qui vous permettra d'explorer plus en profondeur le monde merveilleux de l'anglicisme... Quelques brefs commentaires ont été insérés ici et là afin de vous guider dans vos recherches.

BARBEAU, Victor. *Le français du Canada*, nouvelle édition revue et considérablement augmentée, Ottawa, Garneau, 1970.

BÉLISLE, Louis-Alexandre. *Dictionnaire nord-américain de la langue française*, Montréal, Beauchemin, 1979.

BIBEAU, Gilles. *L'éducation bilingue en Amérique du Nord*, Montréal, Guérin, 1982.

BUISSERET, Irène de. *Deux langues, six idiomes. Manuel pratique de traduction de l'anglais au français*, Ottawa, Carleton-Green Pub. Co., 1975. *(Ouvrage remarquable, aussi docte que divertissant, réimprimé enfin en 1989.)*

BUREAU, Conrad. *Le français écrit au secondaire. Une enquête et ses implications pédagogiques*, Québec, Éditeur officiel du Québec, 1985.

CASTONGUAY, Jacques. *Dictionnaire français-anglais, anglais-français de la psychologie et des sciences connexes*, Paris, Maloine, 1973.

CLAS, André et Paul A. HORGUELIN. *Le français, langue des affaires*, Montréal, McGraw-Hill, 1979.

COLPRON, Gilles. *Dictionnaire des anglicismes*, Montréal, Beauchemin, 1982. (*Le répertoire le plus complet des anglicismes au Canada français.*)

CORBEIL, Jean-Claude et Ariane ARCHAMBAULT. *Dictionnaire thématique visuel français-anglais*, Montréal, Québec-Amérique, 1987. (*Très pratique pour trouver le nom de l'objet que vous avez à l'esprit...*)

DAGENAIS, Gérard. *Dictionnaire des difficultés de la langue française au Canada*, 2ᵉ éd., Boucherville (Québec), Éditions françaises, 1984. (*Ouvrage admirable à maints égards, mais très critiqué pour son purisme.*)

DARBELNET, Jean. *Dictionnaire des particularités de l'usage*, Sillery (Québec), Presses de l'Université du Québec, 1986.

DARBELNET, Jean. *Le français en contact avec l'anglais en Amérique du Nord*, Presses de l'Université Laval, 1976.

DICTIONNAIRE DU FRANÇAIS PLUS, Montréal, Centre éducatif et culturel, 1988.

DUBUC, Robert. *Objectif: 200. Deux cents fautes à corriger*, Ottawa, Leméac - Éditions Radio-Canada, 1971.

DULONG, Gaston. *Dictionnaire des canadianismes*, Montréal, Larousse, 1989.

DUPRÉ, Paul. *Encyclopédie du bon français dans l'usage contemporain*, Paris, Éditions de Trévise, 1972. (*Un ouvrage extrêmement utile en trois tomes.*)

DUPRIEZ, Bernard et collaborateurs. *Cours autodidactique de français écrit*, Montréal, Université de Montréal (Service d'éducation continue), 1983. (*C'est en s'inscrivant au cours «C.A.F.É.» que l'on peut se procurer les trois cahiers de la méthode.*)

ÉTIEMBLE, René. *Parlez-vous franglais?*, 2ᵉ éd., Paris, Gallimard, coll. «idées», 1980. (*Un cri du coeur contre l'anglomanie en France... A-t-il été entendu? La première édition remonte à 1964.*)

GOOSE, André. *La néologie française d'aujourd'hui. Observations et réflexions*, Paris, Conseil International de la Langue Française, 1975.

GUIDE DU RÉDACTEUR DE L'ADMINISTRATION FÉDÉRALE, Ottawa, Secrétariat d'État, 1983.

HÖFLER, Manfred. *Dictionnaire des anglicismes*, Paris, Larousse, 1982. (*On notera qu'il ne s'agit pas ici d'un ouvrage portant sur les anglicismes au Canada.*)

KŒSSLER, Maxime. *Les faux amis des vocabulaires anglais et américain*, Paris, Vuibert, 1975.

LAURIN, Jacques. *Corrigeons nos anglicismes*, Montréal, Éditions de l'Homme, 1975.

LECLERC, Jacques. *Langue et société*, Laval (Québec), Mondia, 1986. (*Une excellente synthèse, qui se lit comme un roman.*)

MACKEY, William. *Bilinguisme et contact des langues*, Paris, Klincksieck, 1976.

MARTINET, André et Henriette WALTER. *Dictionnaire de la prononciation dans son usage réel*, Paris, France-Expression, 1973.

MONOD, Pierre A. R. *Danger... anglicismes!*, Saint-Boniface (Manitoba), Éditions du Blé, 1982.

OFFICE DE LA LANGUE FRANÇAISE. *Énoncé d'une politique relative à l'emprunt de formes linguistiques étrangères*, Québec, Service des publications de l'OLF, 1980.

OFFICE DE LA LANGUE FRANÇAISE. *Terminologie de l'informatique*, Québec, Ministère des Communications, 1983.

OFFICE DE LA LANGUE FRANÇAISE. *Vocabulaire de la radio et de la télévision*, Québec, Éditeur officiel du Québec, 1977.

REY-DEBOVE, Josette et Gilberte GAGNON. *Dictionnaire des anglicismes. Les mots anglais et américains en français*, Paris, Le Robert, 1980. (*N.B.: Il ne s'agit pas ici d'un ouvrage sur les anglicismes au Canada.*)

ROBERT, Paul. *Le Petit Robert. Dictionnaire alphabétique et analogique de la langue française*, Paris, Le Robert, 1988.

ROBERT, Paul. *Le Grand Robert. Dictionnaire alphabétique et analogique de la langue française*, Paris, Le Robert, 1986. (*Neuf robustes volumes... pour ceux et celles qui aiment bien avoir «le dernier mot»!*)

ROBERT & COLLINS. *Dictionnaire français-anglais, anglais-français*, Paris, Dictionnaires Le Robert, 1987. (*Nouvelle édition d'un excellent dictionnaire bilingue.*)

SOCIÉTÉ DU PARLER FRANÇAIS AU CANADA. *Glossaire du parler français au Canada*, Québec, Presses de l'Université Laval, 1968. (*Réédition de l'ouvrage de 1930.*)

TRESCASES, Pierre. *Le franglais vingt ans après*, Montréal, Guérin, 1982. (*À lire après l'ouvrage d'Étiemble...*)

TRÉSOR DE LA LANGUE FRANÇAISE. Dictionnaire de la langue du XIXᵉ et du XXᵉ siècle (1789-1960), publié sous la direction de Paul Imbs, puis de Bernard Quémada, Paris, Centre national de la recherche scientifique, 1971-1983. (*Un véritable «monument» à la langue française. À consulter fiévreusement dans les discussions lorsque* Le Grand Robert *ne vous donne pas raison...*)

VILLERS, Marie-Éva de. *Multidictionnaire des difficultés de la langue française*, Montréal, Éditions Québec-Amérique, 1988.

VINAY, Jean-Paul et Jean DARBELNET. *Stylistique comparée du français et de l'anglais*, Montréal, Beauchemin, 1977.

VOIROL, Michel. *Anglicismes et anglomanie*, Paris, Éditions du Centre de formation et de perfectionnement des journalistes, 1989. (250 anglicismes courants dans les média français.)

WALTER, Henriette. *Le français dans tous les sens*, Paris, Robert Laffont, 1988.

N.B.: Sur les anglicismes qui font l'objet de controverses, par exemple le fameux couple fin de semaine/weekend, *il est toujours bon de consulter plus d'une source, par exemple* Le Petit Robert, *Colpron, Darbelnet, Dagenais; fatalement, on y découvrira des avis contraires... mais la contradiction n'est-elle pas le sel de la vie intellectuelle? Il revient alors à chacun et à chacune de réfléchir sur les arguments avancés de part et d'autre, et de trancher selon son bon jugement.*

INDEX

À VOS CRAYONS! ✍

Combien de fois vous arrive-t-il de remarquer des anglicismes dans les journaux, à la radio, à la télévision, ou encore... sur le bout de votre propre langue?

Ne me dites pas que vous les laissez disparaître, ni vus ni connus, dans la grande nature!

Notez-les dorénavant, et avec la passion et l'ardeur d'un collectionneur de papillons, fouillez dans votre dictionnaire français, fouillez dans vos ouvrages de référence préférés, fouillez, vous dis-je, jusqu'à ce que votre appétit de science soit pleinement rassasié...

Car il n'y a qu'une façon d'éliminer les anglicismes: c'est par la connaissance.

Alors... bonne chasse!

Achevé   Imprimerie
d'imprimer Gagné Ltée
au Canada Louiseville